W9-BJL-284

La autora:

Cha Bo-Geum se graduó en Korean Foreign University y estudió Educación en Coreano en la Escuela para posgraduados Yonsei. Recibió el premio de Literatura Infantil y el premio de Literatura Infantil en Educación. Participa en un grupo de autores infantiles llamado "Pencil Stub". Escribió *Secret bag and nine wishes*, *Pocket Library*, *Drawing Pigs wiggly tail*, y otros libros más.

El ilustrador:

Hong Seoung-Ji se graduó en Kyonggi University y domina tanto las artes occidentals y educación en artes. Estudió también ilustración en el Reino Unido. En 2005, su ilustración de *Aladin's Magic Lamp* fue invitada y expuesta en la World Children SAMEDE, en Italia.

Título Original: *The Castle of the Odd Witch* | D.R. © Yeowon Media, 2006 | De esta edición: D.R. © Santillana Ediciones Generales, S.A. de C.V., 2007, Av. Universidad 767, Col. Del Valle, México, D.F. | ISBN: 978-970-58-0287-4 | Coordinación editorial: Gerardo Mendiola | Traducción y formación: Alquimia Ediciones, S.A. de C.V. | Cuidado de la edición: William Dietzel y Gerardo Mendiola | Impreso en México | 1a. reimpresión: noviembre 2009, en Editorial Impresora Apolo, S.A. de C.V., Centeno 150 local 6, Col. Granjas Esmeralda

Todos los derechos reservados. Ninguna parte de este libro puede ser reproducida por ningún medio o procedimiento, comprendidos la reprografía y el tratamiento informático, ni almacenada en cualquier medio de recuperación, ni transmitida por cualquier forma o cualquier medio, ya sea electrónico, mecánico, de fotocopiado o grabación, sin la autorización de los titulares de los derechos.

www.editorialaltea.com.mx

Nivel 2

Orden
Patrones

El castillo de la bruja

Autora: ChaBo-Geum
Ilustrador: Hong Seong-Ji

En una tierra soleada del norte vivía
una valiente princesa.
Un día, un pájaro azul pasó volando,
dejó caer una carta y se fue.

Princesa,
Llegué al castillo de la bruja
Maruja y perdí el camino a casa.
Para llegar al castillo de la bruja
Maruja debes pasar por la
Tierra de los Patrones.
Por favor, sálvame con tu
sabiduría y tu valor.
El príncipe.

"¿El príncipe se perdió camino a casa...?"
La princesa empacó varias cosas en una maleta grande.
Incluyó algunas canicas, lana y también pintura, por si acaso.
"¡Ahora, encaminémonos hacia el norte,
al castillo de la bruja Maruja!"

–Hmm, la puerta está cerrada –dijo.
Cuando la valiente princesa agitó el candado, el portero
Árbol-Monstruo agitó sus ramas y bloqueó el camino.
–No es posible. ¡Nunca llegarás ahí! –dijo.
–¡Debo entrar!

–¿Es así?
Entonces, debes buscar la llave.
La llave está en la parte superior
de un árbol con manzana, manzana, pera, manzana,
manzana, pera, empezando desde abajo.
Si no puedes hallar la llave, te agarraré con las ramas y te
arrojaré lejos –dijo.
¿Halló la valiente princesa la llave?

–¡Ajajá! Inteligentemente hallaste la llave.
De acuerdo, puedes pasar".
Después de abrir la puerta, hay muchos caminos
divididos: rosado, azul, blanco, rosado, azul, blanco...
Adelante hay un camino de piedra sin fin.
–Si sigo el camino equivocado, podría
encontrarme con los monstruos.
¡Será mejor que tenga cuidado! –se decía.
¿Qué camino tomó la valiente princesa?

Después de pasar el camino rosado,
azul, blanco, un gigante tan grande
como una montaña movió su cuerpo y
le preguntó que a quién buscaba.
–Busco a la bruja Maruja –contestó.
–¿La bruja que ensució las uñas de mis pies?
Ahora estoy muy enojado, así que
no me molestes.

En ese momento, la valiente princesa
tuvo una buena idea.
–Pintaré muy bonitas las uñas de tus pies,
pero a cambio ayúdame a llegar
al otro lado –le dijo.
¿Qué color de pintura necesita la princesa?

La princesa pintó las uñas de los pies del
gigante con dos colores.
-¡Gracias, princesa! Gracias a ti, las uñas de
mis pies se ven muy bien -le dijo el gigante.
Como lo había prometido, el gigante estiró
sus largas piernas y dejó el camino libre.

En el camino se topó con monos en un
camino con ramas.

—¿Buscas a la bruja que nos sacó de nuestro lugar? —le preguntaron.
Lo sentimos, pero ahora no tenemos tiempo, porque estamos
buscando nuestro lugar.

—Si encuentro el lugar adecuado para ustedes, ¿me dirán qué
camino seguir?

—Muy bien, entonces. Apresúrate y halla nuestro lugar.

¿Cómo halló la valiente princesa el lugar de los monos?

La valiente princesa halló el lugar adecuado para los monos.
Los monos le mostraron felices el camino.
La princesa continuó su camino para hallar a la bruja.

La valiente princesa siguió caminando y aparecieron
tres puentes sobre un río. Bajo los puentes,
los cocodrilos abrían sus enormes bocas.
–¡Oh, No! ¿Qué puente debo usar
para cruzar el río? –decía y golpeaba el suelo,
sin saber qué hacer, pero al mirar hacia
el piso, vio formas de lunas y estrellas.
–Ajá, puedo poner estas formas
y hallar el puente que sigael patrón.
¿Qué puente cruzó
la valiente princesa?

-¡Finalmente llegué al castillo de la bruja Maruja! -dijo.
-Rápido, abran la puerta, la valiente princesa llegó.
La puerta no se abría y sólo se oían fuertes golpes.
-Espera, aquí hay algo escrito: "Halla los 2 ladrillos
mal puestos y empuja lo más fuerte que puedas".
Al mirar con atención, vio que también había patrones
en las paredes del castillo.
¿Qué ladrillo estaba mal colocado?

Halla los 2 ladrillos
mal puestos y empuja lo
más fuerte que puedas.

–¡Oh, está abierto!
Al entrar vio un enorme
vestíbulo, y para cruzarlo
tenía que quitar los objetos
que estaban frente a la puerta.
–¿Dónde pondré esto?
Al mirar con atención, la princesa vio que faltaban
objetos en varios lugares. ¿Dónde puso los 7 objetos
que estaban frente a la puerta?

Al cruzar el vestíbulo, llegó a un cuarto pequeño.
Cuando la princesa entró, tosió, tosió y tosió.
–Oh, esto está muy desordenado. Todo está al revés aquí.
Pero, ¿dónde está el príncipe? –exclamó.

-¡Ajajá! Entonces, tú eres la valiente
princesa de la que he oído hablar.
¿Vas a llevarte al príncipe? ¡Ni lo pienses!
-la bruja surgió del polvo en un columpio.

La valiente princesa sacó un hilo de lana de su
bolsa, lo pasó alrededor de la bruja y la ató.
-No, No. ¡Desátame de inmediato! -pidió la bruja.
En ese momento, el príncipe abrió una puerta
pequeña y apareció.
-¿Estás bien, príncipe?
-Me siento algo aturdido,
pero por lo demás estoy bien.
-¿Podrías ayudarme, príncipe?
Necesito limpiar bien este lugar.

La bruja Maruja no dejaba de gritar,
pero la princesa estaba demasiado ocupada
limpiando. Quitó las telarañas, sacudió el polvo
y colocó los objetos donde debían estar.

Después usó las canicas de colores para atar el
cabello de la bruja y puso también canicas en
su capa negra.
Al mirarse en el espejo, después de cepillarse
el cabello, la bruja Maruja se convirtió en una
hermosa princesa.
-Princesa Maruja, eres en verdad hermosa
-le dijo.

-¿En verdad soy yo? Me gustaba estar
desarreglada, pero ahora puedo ver que
esto es mucho más bello.
Ver la brillante sonrisa de la bruja Maruja
era de veras fabuloso.
-Después de todo, no eres una bruja mala.
Te invitaré a la Tierra del Sur, vayamos juntas.
La valiente princesa, el príncipe y la bruja Maruja
regresaron felices a la Tierra del Sur. Luego se divirtieron
jugando hasta que el cielo se volvió anaranjado.

La invitación de la valiente princesa

Invitada por la valiente princesa, la bruja Maruja pudo ir a la Tierra del Sur. Para hacer eso, primero tuvo que pasar por la Tierra de los Patrones. ¿Seguimos a la bruja Maruja?

Las piedras de este camino están en este orden: azul, amarillo y morado.

Además de los patrones marcados en la Tierra de los Patrones, hay también otros patrones ocultos.
¿Dónde estarán los demás patrones?

El helado en la tienda se muestra en el orden de fresa, chocolate y chocolate. Dónde estarán ocultas las demás reglas?

La limpieza de la sucia casa del monstruo
La bruja Maruja ayuda a limpiar la casa del monstruo Messy.

El monstruo Messy acomoda su clóset.
¿En qué orden está colgada la ropa? Piensa qué ropa debe estar colgada en los espacios vacíos.

Oh, pero hay algo que aún no sigue el patrón. Trata de hallarlo, junto con la bruja Maruja.

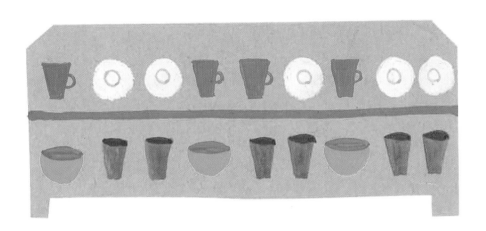

 Tan Tan, cuentos de matemáticas.
El propósito de esta historia.

El castillo de la bruja es una historia acerca de la aventura de una valiente princesa para encontrar el castillo de la bruja Maruja, para salvar al príncipe. Para hallar el castillo debe pasar por la Tierra de los Patrones. En cada lugar por el que la princesa pasa, busque con atención el patrón oculto y hable sobre él. ¿La princesa hallará las reglas y salvará al príncipe? ¿Qué clase de bruja es la bruja Maruja?

Esta historia introduce varios patrones (abc-abc, o abb-abb, aab-aab) mediante el problema presentado en cada camino por el que pasa la princesa. Los problemas consisten en observar el patrón dado y seguir el orden, o bien insertar las piezas correctas en medio de un patrón en parte incompleto.

Según las cosas que forman el patrón, éste puede tomar una forma visual, una forma audible y una forma física. Siguiendo principalmente un patrón visual podrá hallar el orden en las frutas o bien la regla para pintar las uñas de los pies del monstruo o al usar barniz de uñas de diferente color. Al hallar el lugar correcto de los monos del circo, podrá conocer también un patrón físico. A través de las actividades con patrones, como éstas, los niños pueden reconocer el concepto de un patrón y desarrollar una percepción matemática lógica. Además, al captar la relación entre los objetos, pueden tener también la habilidad de predecir, lo que les permite relacionarse mejor con los sucesos de la vida diaria.

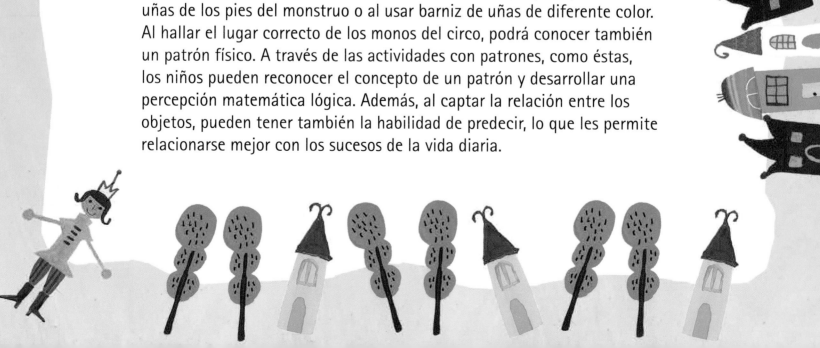

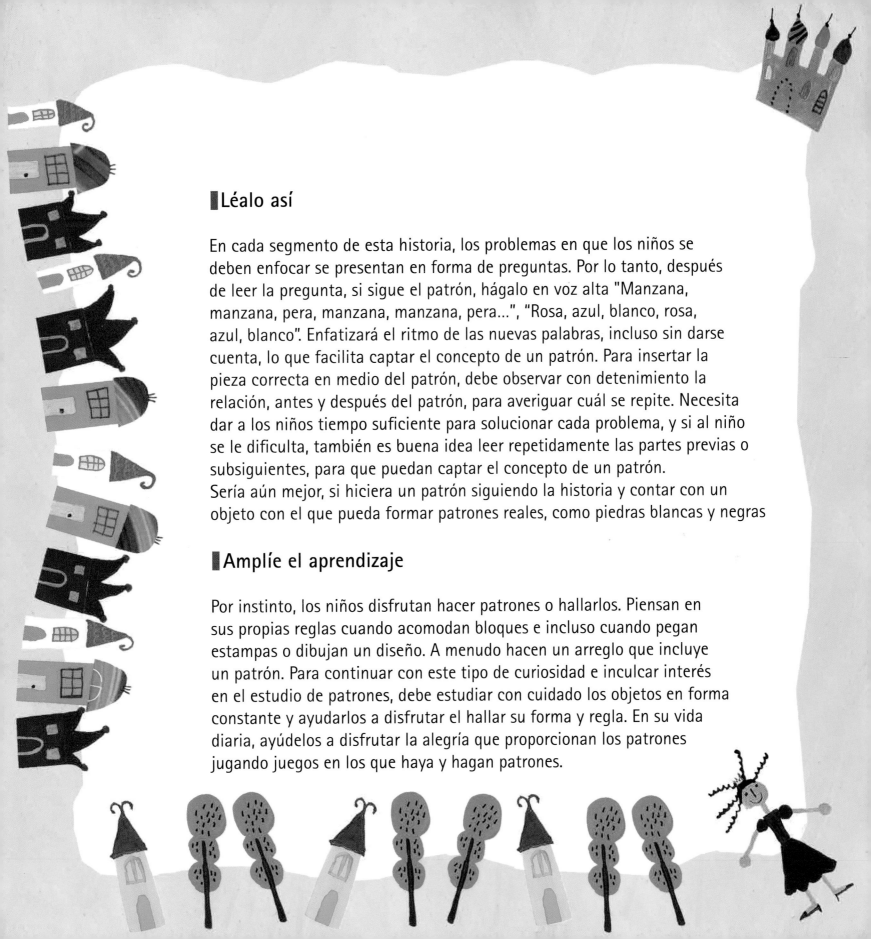

Léalo así

En cada segmento de esta historia, los problemas en que los niños se deben enfocar se presentan en forma de preguntas. Por lo tanto, después de leer la pregunta, si sigue el patrón, hágalo en voz alta "Manzana, manzana, pera, manzana, manzana, pera...", "Rosa, azul, blanco, rosa, azul, blanco". Enfatizará el ritmo de las nuevas palabras, incluso sin darse cuenta, lo que facilita captar el concepto de un patrón. Para insertar la pieza correcta en medio del patrón, debe observar con detenimiento la relación, antes y después del patrón, para averiguar cuál se repite. Necesita dar a los niños tiempo suficiente para solucionar cada problema, y si al niño se le dificulta, también es buena idea leer repetidamente las partes previas o subsiguientes, para que puedan captar el concepto de un patrón.

Sería aún mejor, si hiciera un patrón siguiendo la historia y contar con un objeto con el que pueda formar patrones reales, como piedras blancas y negras

Amplíe el aprendizaje

Por instinto, los niños disfrutan hacer patrones o hallarlos. Piensan en sus propias reglas cuando acomodan bloques e incluso cuando pegan estampas o dibujan un diseño. A menudo hacen un arreglo que incluye un patrón. Para continuar con este tipo de curiosidad e inculcar interés en el estudio de patrones, debe estudiar con cuidado los objetos en forma constante y ayudarlos a disfrutar el hallar su forma y regla. En su vida diaria, ayúdelos a disfrutar la alegría que proporcionan los patrones jugando juegos en los que haya y hagan patrones.